دار جامعة حمد بن خليفة للنشر
صندوق بريد 5825
الدوحة، دولة قطر

www.hbkupress.com

كل شيء عن الدببة

Tout sur l'ours... et le reste

الطبعة العربية الأولى عام 2020
دار جامعة حمد بن خليفة للنشر

الترقيم الدولي: 9789927141119

تمت الطباعة في الدوحة، قطر.

مكتبة قطر الوطنية بيانات الفهرسة – أثناء – النشر (فان)

موتو، فرانسوا، مؤلف.

[Tous sur ours]. Arabic

كل شيء عن الدببة / فرانسوا موتو ؛ كارول زينار ؛ كتابة النص العربي هويدا سبيعي. الطبعة العربية الأولى. – الدوحة، دولة قطر : دار جامعة حمد بن خليفة للنشر، 2020.

صفحة ؛ سم

تدمك 978-992-714-111-9

1. الدببة -- أعمال للأطفال. 2. الحيوانات -- أعمال للأطفال. أ. زينار، كارول، رسام. ب. سبيعي، هويدا، مترجم. ج. العنوان.

QL737.C27 M68125 2020

599.78 – dc23

2019 27461816

كل شيء عن

الدِّبَبة...

فرانسوا موتو • كارول زينار

دار جامعة حمد بن خليفة للنشر
HAMAD BIN KHALIFA UNIVERSITY PRESS

المؤلف

فرانسوا موتو، طبيب بيطري كان مسؤولًا عن وَحْدة البحوث في مجال علم أوبئة الأمراض الحيوانية في ميزون-ألفور. يواصل حاليًّا اهتمامه ببعض الأمراض، ويسافر لمراقبة أنواع مختلفة من الحيوانات البرية والمائية، ويقابل الأشخاص الذين يدرسون هذه الأنواع.

المحتويات

تختلف أنواع الدِّببة فمنها الأسمر (البُنّي) والأبيض والأسود وذات اللونين الأسود والأبيض، لكنْ هل الألوان هي وحدها التي تتغير؟

في فرنسا، يعيش حوالي أربعين دُبًّا أسمر في جبال البيرينيه.

ولكن في مكان آخر، تعيش دِببة الغابات الجبلية في سلسلة جبال الأنديز...

دِببة غابات الخيزران في جنوب الصين...

ودِببة الأدغال الهندية...

ودِببة ساحل القطب الشمالي...

نحن أيضًا نشكل أسرة جميلة؛ فمنَّا المَرْمُوط أصفر البطن، ومَرموط الألب، والسيبيري، والنوع الذي يُصَفِّرُ، وأكثر من عشرة أنواع أخرى!

الفصل الأول

من أين تأتي الدِّببة ؟

تتشابه الدِّببةُ جميعها وتُشكِّل أسرة قديمة لديها الكثيرُ من القصص والحكايات!

الدُّبُّ الأسمر الأوروبيُّ (الدُّبُّ البُنِّي)

يكون للدُّبِّ البُنِّيِّ حَدَبَة على مستوى
الكاهل تظهر بوضوح عندما يمشي.
تبدو بصمة القائمة الخلفية
للدُّبِّ شبيهةً ببَصمَة الرِّجْل
البشرية العارية، بدون
المَخَالب قَطْعًا...
ذَنَب صغير جدًّا
يكون في أغلب
الأحيان مخفيًّا.
يا له من حيوانٍ جميل!
القائمتان الخلفيتان.
بَراثِن القائمتين الخلفيتين صغيرة
(3 سم)، ولا تنقبض.

الدِّببة قديمًا

ينتمي الدُّبُّ إلى عائلة الدُّبِّيَّات التي يُقال إنها ظهرت في العصر الإيُوسِيني منذ 38 مليون سنة، وهي ثدييات آكلة للحوم. كانت أولى الدِّببة بحجم حيوان الرَّاكون وتُعرف باسم (Parictis) ولا تُثير الفزع أبدًا. وظهرت بعدها الدِّببة الشبيهة بالكلاب التي تُعرف باسم (Amphycyonodon)!

ومن الدِّببة أيضًا نوع آخر غريب للغاية، له خَطْم مَعْقُوف نحو الأسفل وأسنان ضخمة قادرة على «كسر الأصداف». وكان هذا النوع يعيش على ساحل البحر، ويصطاد الأصداف. أُطلِقَت عليه تسمية (Kolponomos).

ينتمي أجداد الدِّببة إلى ماضٍ سحيق يمتد إلى 20 مليون سنة، وتُعَدُّ دِببة الكهوف (Ursus spelaeus) من أواخر الأنواع التي انقرضت واختفت. ويُقالُ إنَّ ساكني الكهوف من البشر قد عاصروها، لكنْ لا يُتَوَقَّعُ أن تكون مشاركة الكهف مع حيوان يَزِن نصف طن أمرًا سهلًا، خاصة إذا كان يرفض دفع الأجرة.

كان الدُّبُّ قصيرُ الوجه (Arctodus) -الذي انقرض حاليًا- ضخمًا يصل إلى 3.7 أمتار. ويصل اتساع قائمتيه إلى 4.3 أمتار، وقد يبلغ وزنه طنًّا.

ظهر أجداد الباندا أيضًا منذ سنوات طويلة تمتد إلى 19 مليون سنة.

الدِّببة في حاضرنا

هناك ثمانية أنواع للدِّببة اليوم. وتتشابه أنواع الدِّببة البُنّيَّة، والقُطْبِيَّة، والسوداء الأميركية، والسوداء الآسيويَّة. لكن ثمة ثلاثة أنواع أخرى لها خصوصية فريدة، وهي: دُبُّ العسل، والدُّبُّ الماليزيُّ، والدُّبُّ أبو نظارة. أما دُبُّ الباندا الكبير فيبقى أكثر الأنواع خصوصية. تنتمي كل هذه الدِّببة إلى فصيلة واحدة، وإن كان دُبُّ الباندا الكبير مختلفًا كثيرًا عن الآخرين. ويحدث التَّهَاجُن أحيانًا في الطبيعة مع الأجناس الأخرى عندما تتعايش معًا بالطبع.

الأكبر حجمًا!

يُعَدُّ الدُّبُّ القطبي أكبرَ الحيوانات المفترسة حجمًا على كوكب الأرض، إذ يبلغ طوله 3 أمتار ووزنه حوالي 800 كلغ بحَدٍّ أقصى! ولذلك فمن الصعب أن يتسلَّق الأُرجوحة.

الدِّببة على خريطة العالم

يصعُب كثيرًا تحديد عدد الدِّببة الموجودة على سطح الأرض اليوم. لكننا على علم تامٍّ بأن هذا الجنسَ مُهدَّدٌ بالانقراض حيث يتعرض لمخاطر الصيد، أو الحجز، أو انتزاع مسكنه منه. تعيش كل الدِّببة في النِّصف الشمالي من الكرة الأرضية عدا الدُّبَّ أبا نظارة الذي قد نجده قليلًا جنوب خطِّ الاستواء.

الدُّبُّ القُطبيُّ

20 ألفًا – 25 ألفًا

الولايات المتحدة الأميركية (ألاسكا)، كندا، الدنمارك (جرينلاند)، النرويج (سفالبارد)، روسيا.

الدُّبُّ البنيُّ

200 ألف

يُوجَدُ حاليًّا في حوالي أربعين دولة، لكنه انقرض مؤخرًا من حوالي عشرين دولة أخرى.

الدُّبُّ الأسود الأميركيُّ

850 ألفًا – 950 ألفًا

يتجاوز عدده أعداد الأنواع الأخرى مجتمعة!

كندا، الولايات المتحدة الأميركية، المكسيك.

الدُّبُّ الأسود الآسيويُّ

ربما يبلُغ عدده 50 ألفًا في المنطقة من إيران إلى اليابان، ومن روسيا إلى تايوان.

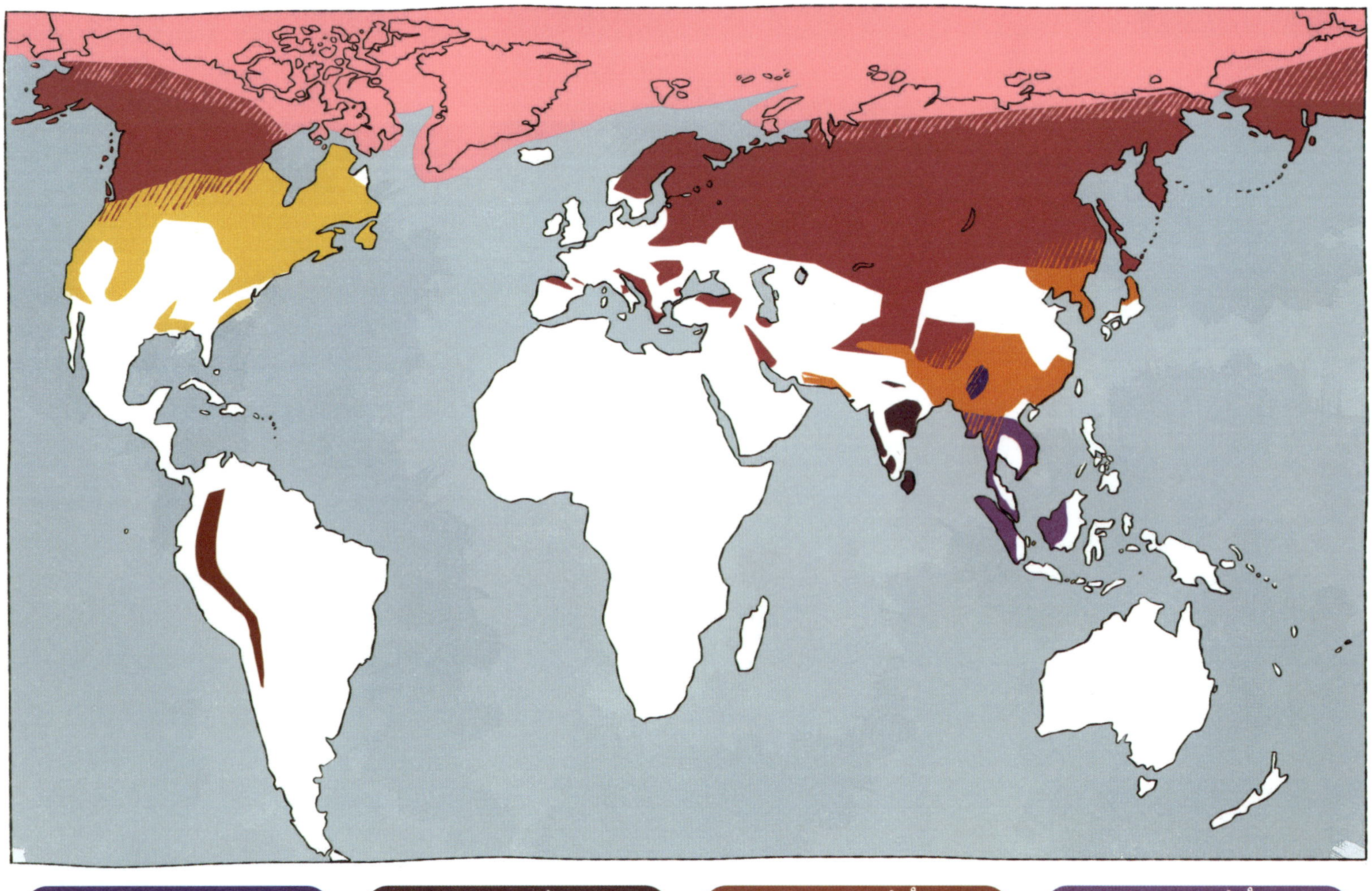

الدُّبُّ الماليزيُّ

لا يُوجد عدد معروف يُعتَمَدُ على مِصداقيته.

الهند، بنغلاديش، ميانمار، تايلاند، ماليزيا، بورنيو، سومطرة، لاوس، كمبوديا، فيتنام.

الدُّبُّ أبو نظارة

٢٠ ألفًا؟

وهو عدد مشكوك فيه.

بوليفيا، بيرو، الإكوادور، كولومبيا، فنزويلا.

دُبُّ العسل

١٠ آلاف – ٢٠ ألفًا؟

العدد غير معروف نهائيًّا.

سريلانكا، الهند، نيبال، بنغلاديش (انقرض فيها مؤخرًا)، بوتان (يحتاج للتأكيد).

الباندا الكبير

عددها ألفان؟

الصين.

قدم أوراقك الثُّبُوتية، أيها الدُّبُّ البُنِّيُّ!

بطاقة الهوية

الاسم العلمي: Ursus arctos
مع ملاحظة أن Ursus يعني «الدُبّ» في اللغة اللاتينية وArctos يعني «الدُبّ» في اللغة الإغريقية)

الدُّبُّ البُنيُّ الأوروبيُّ:
طوله من الخطم إلى قاعدة الذيل: 120-230 سم
ارتفاع الكاهِل: 6-21 سم
طول الأذن: 10-14 سم
طول القائمة الخلفية: 13-30 سم
الوزن: 100-300 كلغ (الذكور)، 60-200 كلغ (إناث)

يبدو كاهل (كتفا) الدُّبِّ البُنيِّ جانبيًّا على مستوى الرِّدْف أو أعلى قليلًا منه.

الأفوى!

يمكن لارتفاع دِببة الجرِيزلِي (الدِّببة البُنِّيَّة الضخمة الأميركية الشمالية) أن يصل إلى 150 سم حتى مستوى الكاهِل، ولوزنها أن يصل إلى 640 كلغ.

نتيجةً للاحْترار المناخي، بات الدُّبُّ البُنيُّ والدُّبُّ الأبيض موجودين شمال القارة الأميركية. فالدُّبُّ البني يتوجه صعودًا فيما يعجز الدُّبُّ الأبيض عن التوجه إلى الطَّوف الجليديِّ الذي أصبح بعيدًا شمال المحيط. وقد لاحظنا ظهور دِببة هجين بين النوعين. فماذا سنُطلِقُ عليها؟ هل هي دِببة «بيضاء» أو دِببة «بُنِّيَّة»؟ ولا يزال النوعان بحاجة لمعرفة الكثير أحدُهما عن الآخر.

العيش في عزلة

نظرًا إلى حجم الدِّببة الكبير فإنها بحاجة إلى مساحة واسعة تعيش فيها، ويمتد المسكن الذي يحتاج إليه كل دُبٍّ إلى عشرات الكيلومترات المربعة.

إنها تعيش في عُزلة، ويبقى كل منها في مسكنه، ونادرًا ما تقابل بعضها.

يبدو بأنَّ صديقنا الدُّبَّ جاستون
مرَّ من هنا يوم الجمعة عند الساعة
الخامسة و48 دقيقة...

تَعْرِفُ الدِّببة التي تعيش في منطقة واحدة جيرانَها من جنس الدُّبِّيَّات. وتَعْرِفُ كيف تتواصل فيما بينها دون الحاجة لأن تتقابل. وتُعَدُّ علامات الشَّمِّ التي تتركها في مواقعَ إستراتيجية، والخُدوش على جذوع الشجر؛ بطاقاتِ زيارةٍ لكل منها.

دُبُّ الليل أو دُبُّ النهار؟

عندما لا يكون الدُّبُّ البُنيُّ نائمًا أو في حالة سُبات شَتَويٍّ، فإنه يخرج عادةً بين العصر والمغرب أو خلال الليل. أما في المواقع الساكنة أو في شمال الكرة الأرضية حيث يكون النهار طويلًا جدًّا والليل قصيرًا جدًّا، فيمكن أن نراه وهو يأكل أو يتنزه خلال النهار.

يندُر أن يشعر الدُّبُّ بالبرد بسبب فروه الكثيف، بل إنه يشعر بالانزعاج من الشمس الحارة في فصل الصيف، ويستلقي في الربيع تحت أشعة الشمس للشعور ببعض الدفء.

في الجبال، يَغُطُّ المَرْمُوط في سُبَات خلال فصل الشتاء القاسي. لا نعرف مَنْ قلَّد مَنْ، لكنَّ الدُّبَّ البُنيَّ يحاول أن يحذوَ حذوَ المَرْمُوط.

نظرًا إلى أن الدُّبَّ أكبر حجمًا، فإنه يحتاج إلى مسكن مناسب له، ومن ثم فإنَّ «نومه» الشَّتَويَّ لا يشبه نوم المَرْمُوط حيث يكون في حالة غياب عن الوعي بشكل أكثرَ من أن يكون في سُبَات فعليٍّ. وفي الواقع، أن الأنثى تَلِدُ صغارها خلال هذه الراحة الشَّتَويَّة، وتبقى أكثر وعيًا من الذكر، وتلجأ إلى كهفٍ أو أجَمَةٍ ضخمة أو جذعِ شجرة مقطوعٍ أو جُحْرٍ في الأرض.

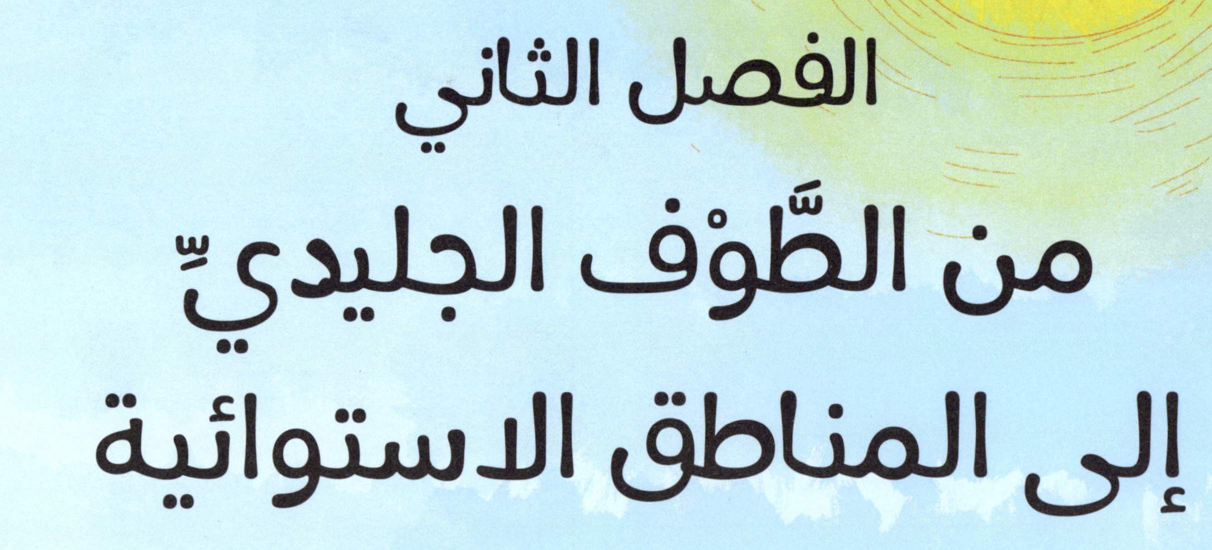

الفصل الثاني

من الطَّوْف الجليديِّ إلى المناطق الاستوائية

كوكب الدِّببة البُنِّيَّة

شغلت الدِّببة البُنِّيَّة أربع قارات من أصل خمس. وانقرضت اليوم من أفريقيا، لكنها لا تزال موجودة في أميركا الشمالية، وأوروبا والمناطق الباردة والمُعتدلة في آسيا.

تعيش الدِّببة البُنِّيَّة الأكبر حجمًا على جانبي السواحل شمال المحيط الهادئ، وكامَتْشَاتكا على الجانب الروسيِّ، وألاسكا على الجانب الأميركيِّ. ونجدها أيضًا شمال اليابان (هُوكايدو)، وفي صَاخَالين، وفي آسيا، وعلى الجبال الصخرية في أميركا.

إنَّ مجموعة الدِّببة التي تعيش في صحراء جوبي في منغوليا مهددة بالانقراض، فالصحراء موقع صعب وتتعرَّض فيها لخطر الصيد.

تملك الدِّببة البُنِّيَّة مهارات تكيُّف عالية جدًّا لأننا نجدها في بيئات مختلفة تمامًا تتراوح بين الصحاري ومناطقَ شبهِ صحراوية وصولًا إلى الغابات المعتدلة والشمالية، مرورًا بالجبال والتَّندرا القُطبِيَّة. ويمكن أن نجدها أيضًا على مستوى المياه وعلى ارتفاع 6000 متر في جبال آسيا. وتتوزع الدِّببة البُنِّيَّة الأوروبية اليوم على شكل مجموعات صغيرة العدد ومعزولة ومُعرَّضة للانقراض في جبال كانتابريا في إسبانيا، وجبال أبروز (جبال الأبينيني) وترانتان (الألب) وحتى في البيرينيه بين إسبانيا وفرنسا.

برررررر، مع الدُّبِّ القطبيِّ في القطب الشمالي

يَرى البعض أنَّ **الدِّببة القُطْبِيَّة** أو الدِّببة البيضاء (التي يتراوح طولها بين 180 و260 سم، ووزنها بين 150 و730 كلغ) تُعَدُّ ثدييات بحرية فعلية لأنها تعتمد على الماء كي تعيش. فهي تتنقل بشكل مستمر بين السواحل والطَّوْف الجليدي في القطب الشمالي بحثًا عن طعامها. وفي هذه المنطقة؛ يستمر الليل على مدار اليوم في فصل الشتاء، أما في فصل الصيف فلا يهبط الليل أبدًا. ويتعيَّن على الدُّبِّ القطبيِّ أن يتعايش مع هذه الظروف!

إنها الدِّببة الأكثر افتراسًا بين جميع أنواع الدِّببة. وتصطاد تقريبًا الفقمة فقط، فتراقبها وتنقض عليها حين تُخرِج خَطْمها من الجليد كي تتنفس، لكنها تَعْجَز عن صيدها حين تكون في الماء لأنَّ الفَقْمة أسرع من الدُّبِّ.

تلد الدُّبَّة القُطْبِيَّة الأنثى جراءَها خلال فصل الشتاء داخل جُحْر محفور في الثلج، وتكون الجراء صغار الحجم عند ولادتها، وتبذل الأنثى كل طاقتها في الاهتمام بصغارها خلال الأسابيع الأولى من حياتها حتى تكبُر بالقدر الذي يمكنها من أن تتبع الأم حين تذهب لصيد الفَقْمَة.

الدُّبُّ الأسود الأميركي والدُّبُّ أبو نظارة

يعيش نوعان من الدِّببة السوداء في أمريكا. والوضع مُعَقَّد قليلًا في الشمال لأنَّ الدُّبَّ «الأسود» الأميركيَّ (120-200 سم، 45-400 كلغ) لا يكون أسود دائمًا؛ فقد يكون أحمر أو بُنِّيًّا، وشكله أنيق جدًّا. وهناك أيضًا الدُّبُّ الكرمود ولونه أبيض في الواقع، ويوجد على طول الضِّفاف الرطبة جدًّا في كولومبيا البريطانية. وكذلك هناك الدُّبُّ الأزرق أو دُبُّ الأنهار الجليدية الذي يعيش على ضِفاف ألاسكا، ورسميًّا تُعَدُّ كل هذه الدِّببة «سوداء»!

في الجنوب، يعيش **الدُّبُّ الصغير أبو نظارة أو دُبُّ الأنديز** (110-220 سم؛ 80-175 سم) في الغابات الرطبة التي يتراوح ارتفاع أشجارها عادةً بين 1800 و3300 متر. وهو حيوان عاشِب ويعيش في الأشجار. وتعلو وجهَه علاماتٌ فاتحة اللون تُشبه النظارات، وتختلف بأشكالها من دُبٍّ إلى آخر.

الدُّبُّ الآسيويُّ الأسود والدُّبُّ الماليزيُّ

ما الطعام الذي سأختاره اليوم يا ترى؟!

يستطيع الدُّبُّ الآسيويُّ الأسود (140-170 سم؛ 54-240 كلغ) أن يعيش على ارتفاع يصل إلى 3000 متر كما يمكن أن يعيش أيضًا في الغابات المدارية التي تقع على ارتفاعات أدنى. يتزيَّن فَرْوُه الأسود الجميل بهلالٍ أصفرَ كبيرٍ في منطقة الصدر، وأذناه مستديرتان وكبيرتان. وهو حيوان عاشِب عادةً، لكنه قد يصطاد فريسة كبيرة الحجم، أو يستفيد من وجود جثة في مكان ما.

الدُّبُّ الماليزيُّ هو الأصغر حجمًا (100-140 سم؛ 25-65 كلغ) بين الدِّببة. الفرو الذي يعلو جسده قصير ولامع، وأذناه صغيرتان، وله لسان طويل جدًّا يستخدمه لالتقاط يرقانات الحشرات في تَجْوِيفات الشجر.

يُوجد أعلى صدره علامة فاتحة اللون شبيهة بعِقْدٍ على شكل U أو V. يعيش على الأشجار بشكل أساسيٍّ، ومن هنا جاءت تسميته الأخرى بـ«دُبِّ أشجار جوز الهند» فهو يبني بيتًا له من الأغصان على شجرة ويلجأ إليه لينام. له مخالب جميلة، وتسمح له مفاصله المرنة وقائمتاه الخلفيتان «المعقوفتان» بأداء حركات بهلوانية. يتبع في الأساس نظامًا غذائيًّا نباتيًّا يتخلله تناول بعض الفرائس الصغيرة مثل الضفادع والفئران بالإضافة إلى الحشرات.

دُبُّ العسل ودُبُّ الباندا الكبير

دُبُّ العسل أو الدُّبُّ ذو الشفاه الطويلة (140-170 سم؛ 65-145 كلغ) ليس حيوانًا عاشِبًا قطعًا، وأكثر ما يحب التهامه هو النمل والحشرات! ويستخدم لسانه لالتقاطها. ونظرًا لأنه لا يملك أسنانًا أمامية فإن لسانه يخرج بسهولة كبيرة من فمه حتى وإن كان شبه مغلق. وعندما يرى سِربًا من النمل، يقترب منه ويُغلق مِنخريه وهو يحشر أنفه داخله؛ كي يتفادى دخول النمل إلى أنفه ودغدغته.

وَبَرُه الأسود يبدو مُشَعَّثًا دائمًا كأنه لم يُمشَّط جيدًا. وتعلو صدرَه علامةٌ كريميةُ اللون.

دُبُّ الباندا الكبير (150-180 سم؛ 85-125 كلغ) من أكثر الدِّببة المعروفة حتى وإن ترددنا طويلًا في تصنيفها ضمن جنس الدُّبِّيّات. إنَّه أكثر الحيوانات النباتية بين كل أنواع الدِّببة، فهو لا يأكل سوى بعض أجناس البامبو، ولا يوجد سوى في جزء صغير من الصين.

يمتاز بيد مميزة من ستة أصابع، ويساعده الإصبع السادس على قطف سيقان البامبو. ويتعيَّن عليه أن يأكل الكثير منها، وبشكل مستمر فهي غير مغذية أبدًا.

الفصل الثالث

حواسُّ الدُّبِّ

يقول السُّكَّان الأصليون الأميركيون: «عندما تقع ريشةٌ من السماء، يراها النَّسر، ويسمعها الوَعْل، ويشعر بها الدُّبُّ».

البصر والسمع

هل يحتاج كل الدِّببة وليس فقط الدُّبُّ أبو نظارة إلى نظارات؟

في الواقع، أننا لم نُقدِّر بَصَر الدُّبِّ حق قَدْره، فباستطاعته أن يُمَيِّز الأشياء المتحركة جيدًا، ومن ثم فالأمر لا ينطبق على الجسم الثابت في مكانه، لكن حذارِ! فعندما يميِّز الدُّبُّ رائحة ما فمن غير الممكن أن يخفى عليه الأمر!

أدركنا الآن أنَّ الدِّببة ترى الألوان، لكنها تشعر بمزيد من الراحة حين تكون في الظل، وذلك عند طلوع الشمس ومغربها.

ترى الدِّببة على مسافة قصيرة بشكل جيد، وتستطيع أن تميِّز بعضها بعضًا، وتساعدها في ذلك الحواسُّ الأخرى مثل البصر والسمع أيضًا.

سَمْعٌ انتقائي؟

تتميَّز الدِّببة السوداء المَدارية التي تعيش في الغابات عن الدِّببة البُنِّيَّة بالعلامة فاتحة اللون التي تعلو صدرها على شكل عِقدْ. وهي أكثر ثرثرة من الدِّببة الأخرى. وعندما يكون الدُّبُّ القُطبيُّ على الطَّوْف الجليديِّ ولا يُوجد أيُّ عائق أمام بصره، يظلُّ صامتًا تمامًا. أما الدُّبُّ البُنِّيُّ فهو ما بين النوع الأول والثاني.

الشَّمُّ

حاسَّة الشَّمِّ لدى الدِّببة متطورة جدًّا، فهي أكثر تطورًا من حاسة الشَّمِّ لدى الكلب. ويستطيع الدُّبُّ القطبيُّ شمَّ رائحة الفَقْمَة من مسافة 32 كلم في الجليد. فهل من مُنافِس له في هذا المجال؟ ويستطيع دُبُّ الجِريزلي كذلك أن يَشُمَّ رائحة وَعْل قتلته الذئاب من مسافة تتجاوز عِدَّة كيلومترات.

عندما يسمع الدُّبُّ صوتًا غريبًا، يرفع رأسه لشَمِّ الهواء، ويسعى لتحديد سبب الإزعاج بواسطة أنفه. ويصْعُب تخيُّل عالم الروائح خاصة وأن البشر يبذلون كل جهد لمَحْوِ الروائح أو استبدالها بالعطور.

تُساعد حاسَّة الشَّمِّ الدِّببة على إيجاد طعامها. وهي تَعرف بالطبع مواقعَ هذا الغذاء وفقًا لتغيُّر الفصول والمُنَاخ، لكنها في نهاية المطاف تجِد طعامها بفضْل أنفِها.

يمكننا أن نجد عدة دِببة حول مصدر مهمٍّ للطعام مثل جُثَّة حوت ألقى بنفسه على شاطئ مُنْعَزل، ومن غير المرجح هنا أن تكون الدِّببة قد أبلغت بعضها، فلا شك في أنها قد وصلت إلى الجثة بسبب الرائحة التي نقلها الهواء إليها. وبما أن الوليمة تكفي الجميع، فإنها تُساند بعضها، وتتشارك الطعام.

التواصل

حتى البشر كانوا يتواصلون فيما بينهم قبل ظهور الهواتف الجوَّالة. وعلى غِرارهم، تستطيع الدِّببة التواصل فيما بينها. فبعيونها وآذانها وأنوفها تتمكَّن من إيجاد الطعام، والهروب من الحيوانات المفترسة، وكذلك التجمع فيما بينها، أو تفادي بعضها وفقًا لمِزَاجها.

صحيح أن الدِّببة البُنِّيَّة صامتة بشكل عام، لكن الذَّكَر الكبير منها يستطيع أن يزأر زَأْرة قوية ورائعة بين الحين والآخر؛ ليثبت وجودَه في أرضه. وتعرف الدِّببة عندها إن كان مزاجه جيدًا أو مُعَكَّرًا، وإن كان يبحث عن صُحبة، أو إن كان من الأفضل الابتعادُ عنه والمضيُّ في طريقها.

تَخْدِش الدِّببة أحيانًا الأشجار وتَحُكُّ بها ظهورها فتترك بهذا علامةً بصريَّة، كما تُخلِّف أيضًا رائحةً تستطيع الدِّببة الأخرى المارَّة في ذلك المكان شمَّها ومعرفةَ صاحب الرائحة ووضعه.

يذكر الباحثون أن للدِّببة غددًا على أخَامِص قوائمها، تترك من خلالها رائحتها كعلاماتٍ أينما ذهبت، ومن ثم فإنها تمشي بطريقة مميزة، هي أشبهُ بمِشية «التَّبَخْتُر». وتتَّسِم هذه الرائحة بأنها تدوم عدة أيام. فهل قامت الدِّببة فعلًا بابتكار آلات الرد ذات الرائحة؟

الراحة الشَّتَويَّة، الحواسُّ في حالة إبطاء.

تعيش الدِّببة المَداريَّة في المناطق التي تَزْخَر بالطعام على مدار السنة.
لكن الحال تختلف بالنسبة للدِّببة البُنِّيَّة والدِّببة السوداء في أميركا الشمالية، وبعض الدِّببة السوداء الآسيويَّة خلال الفصول الباردة. فماذا تفعل؟ تدخل في حالة من الراحة الشَّتَويَّة.

ولا يمكننا أن نتحدث عن حالة سُبَات شَتَويٍّ لأنها خلال هذه الفترة تنخفض درجة حرارة جسدها إلى 4-5 درجات مئوية، وتقِل سُرعة نبضات قلبها، لكنها تستفيق بسرعة بمجرد حصول أيِّ إزعاج لها.

عندما تدخل الدِّببة في حالة سُبَات شَتَويٍّ «فِعْلِي»، تنخفض درجة حرارتها بشكل كبير (حتى 20 درجة مئوية)، وتعمل كل وظائف الجسم بشكل بطيء، ويحتاج الحيوان عدة دقائق كي يستفيق. وتكون الدِّببة في حالة غياب عن الوعي.

تلجأ الدِّببة في الشتاء إلى مساكنَ مريحة وتبقى فيها حتى الربيع. وتختلف فترة الراحة هذه بالنسبة للدُّبِّ البُنِّيِّ الإسبانيِّ أو الروسيِّ أو الكنديِّ فتكون أقصرَ في إسبانيا (3 أشهر)، وأطولَ في شمال كندا (7 أشهر).

ولكي تتمكَّن الدِّببة من التحمل عدة أسابيع دون طعام، يجب عليها أن تخزِّن الطعام في شكل دهون، ومن ثم يزيد وزنها إلى حدٍّ كبير خلال فصل الخريف.

هل تعرفون النظام الغذائيّ للدِّببة؟

لاحظ علماء الأحياء الذين درسوا الدِّببة أنها تخسر وزنًا كبيرًا خلال فترة الراحة الشَّتَويَّة؛ لأنها تفقد الكثير من الدهون المخزنة فيما تظل عضلاتها كما هي. ويتمنى البشر جميعهم وخاصةً الذين يتبعون نظام تخسيسٍ أن لو عرفوا سرَّ الدِّببة في خسارة الوزن.

ولكنها إن لم تحصل خلال فصل الصيف على طعام، فإنها تتعرَّض للموت جوعًا، ففي هذه الفترة لا تستطيع العيش على دهونها بشكل حصريٍّ.

في جبال الألب، وزني ٧ كلغ في الخريف، و٥ كلغ عندما أُفيقُ في الربيع. فهل من منافس لي في ذلك؟

يتَّبع الدُّبُّ القُطبيُّ نظامًا غذائيًّا أكثر مرونة، ففي الشتاء يصطاد على الجليد. وعندما لا يجد ما يأكله، يدخل في حالة من «الراحة عن الأكل» في كل الفصول. ويحدث هذا الأمر غالبًا في الصيف كذلك أو في بداية الخريف، في انتظار إعادة تشكُّل الجليد مرة أخرى. ولا يمنعه ذلك من قطع كيلومترات مشيًا.

الفصل الرابع

طعام الدِّببة أشكال وألوان

قال أحد علماء الأحياء عن الدِّببة البُنِّيّة الأميركية: «تأكل الدِّببة كل شيء ما عدا الحصى». ويسهُل بذلك استضافةُ أيٍّ من الدِّببة على العشاء.

اللَّواحِم العَوَاشِب

مع أنَّ الدِّببة البُنِّيَّة تنتمي إلى مجموعة الحيوانات اللَّاحِمة، لكنها عاشِبة بالدرجة الأولى.

يتألَّف ثلثا نظامها الغذائيِّ من الفاكهة، والحبوب، والجذور، والسيقان النباتية، والعشب. ويتضمن الجزء الحيوانيُّ الحشراتِ والنملَ وأحيانًا المَرْمُوط.

تستمتع الدِّببة جميعها بالخلجان في فصل الخريف، فتستخدم أسنانها لالتقاط ثمار الفاكهة فقط دون أوراقها من الأشجار.

الدِّببة قوية جدًّا لكنها غير سريعة. وفي أميركا الشمالية، لا تستطيع أن تصطاد الوُعول حتى وإن احترفت بعضها طريقة مفاجأتها واصطيادها، فيما تنجح دِببة أخرى في افتراس صِغار الظِّباء.

وبالإضافة إلى طبيعة مأكولاتها، تمرُّ الدِّببة بعدة مراحل مختلفة، فهي تجوع بعد الشتاء حيث تكون قد فقدت رُبْعَ كتلتها إن لم يكن نصفَها، وتبدو عندها فعلًا نحيلة جدًّا! وتقلُّ كمية أكلها خلال فصل الصيف، لكنها تعود لتزداد بعد الشتاء. وتُعْرَف هذه الحالة بـ «فَرْط الأكل» فهي جائعة بشكل مستمر!

أكْل سمك السلمون

تحصل الدِّببة البُنِّيَّة الأكبر حجمًا على وجَبات سمك السلمون بشكل منتظم. ويشمل ذلك دِببة غرب كندا، ودِببة ألاسكا على الجانب الأميركي، ودِببة كامَتْشَاتكا على الجانب الروسي في روسيا.

تصعد عدَّة أنواع من سمك السلمون إلى مجاري الأنهار في فصول مُحدَّدة. وتعرف الدِّببةُ البُنِّيَّة تمامًا أين تُوجد هذه الأسماك، ومتى تحصُل عليها. ويتَّجه بعضها بشكل مسبق نحو المواقع الأفضل كما لو أنها تستعد لمشاهدة عرض ما. وتحصل الدِّببة الضخمة على أفضل الأماكن حتى ولو أتت متأخرة إذ تخلو الأماكن المميزة فجأةً بمجرد حضورها.

تراقب جِراء الدِّببة أمهاتها وتتعلم منها، ويتعيَّن عليها أن تبقى حَذِرة لأن الدِّببة الضخمة لا تُعامل الصغار بلُطف. وتجذِب هذه الكميات الكبيرة من الطعام عددًا لا يُستهان به من الدِّببة، ويُشكِّل الصيد درسًا مناسبًا لاحترام قوانين مجتمع الدِّببة.

الدِّببة البُنِّيَّة ماهرة في الصيد، لكنها تُفسِد طعامها بعض الشيء. فأحيانًا، عندما تلتقط سمكة سلمون أنثى تأكل البيض فقط، وتترك بقيتها لتستفيد منها طيور النَّوْرس والغِربان وحتى النُّسور.

يتميز كل دُبٍّ من الدِّببة بتِقَنيَّة صيد خاصة به، فالبعض يقفز من الضِّفة لدى مرور سمكة السلمون، إذ الهدف المنشود التقاطُ السمكة بخَطْمها أو قائمتها، لكن النتيجة ليست مضمونة دائمًا. وتجلس بعض الدِّببة في منتصف النهر، أو على مَقْرُبة من شلال، وتحاول التقاط سمك السلمون الطائر في الهواء لاجتياز حاجز ما. وفي هذه المناسبة، يمكننا معرفة إذا ما كان الدُّبُّ أيمن أو أعسر.

نمل بالعسل أو فَقْمَة في الجِيلي

يَصْعُب على المرء أن يتصوَّر أن حشرة صغيرة بحجم نملة تكفي لإطعام حيوان ضخم بحجم الدُّبِّ، لكنْ خِلافًا للدِّببة، ينْدُر أن تكون النملة وحدها. فهي تعيش في وَكْر ضمن مستعمرة من تلال النمل، ويبدو أن الدِّببة البُنِّيَّة الأوروبيَّة تأكلها بوتيرة أكبر من دِببة أميركا الشمالية. فيا ترى هل هناك المزيد من النمل في هذه القارات؟

يا له من منظر جميل!

يستمتع الدُّبُّ بتناول بعض أوكار النمل الكبيرة جدًّا، وهو يعرف تمام المعرفة كيف يَقْلِب الأحجار التي تُوجد تحتها أوكارُ حشرات أخرى. وتُعَدُّ الخَادِرات أو ما يُعرف خطأً باسم «بيض النمل» مغذيةً جدًّا. ويهتمُّ الدُّبُّ البُنِّيُّ بالحشرات إلى حدٍّ كبير، ما دامت موجودة بأعداد مناسبة. ولا يهمه نوع معيَّن، بل يهتم بكل الأنواع! ويشعر بجاذبية تجاه بعض تجمعات فراشات الليل في أميركا الشمالية.

ولا ننسى دُبَّ العسل الذي يعيش في شبه الجزيرة الهندية، فهو متخصص جدًّا في النمل والحشرات.

الحر شديد ويمنعنا
من الرقص!

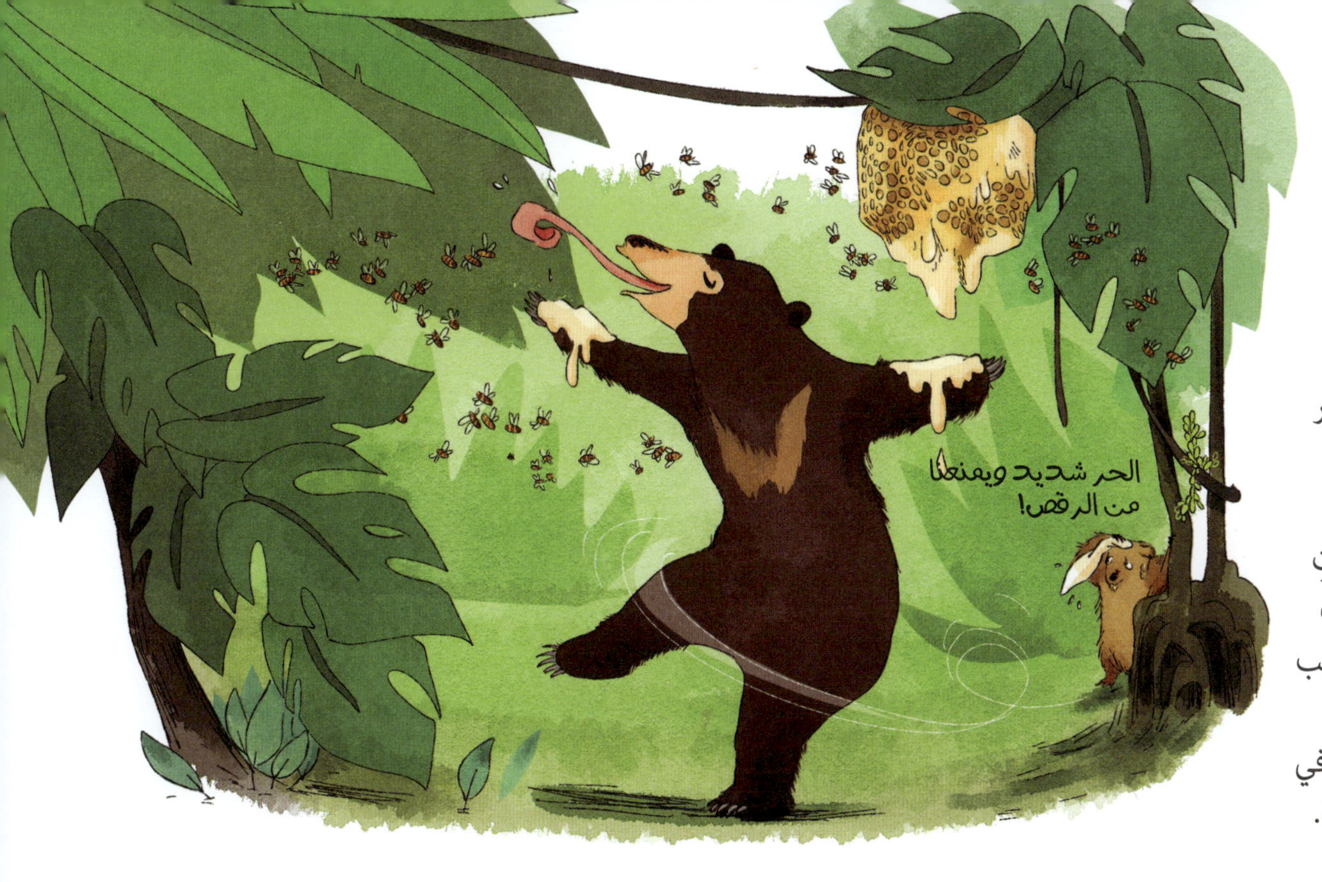

العسل أيضًا من الأطعمة التي تحبها الدِّببة، لكن النحل لا يُسهِّل عليه الأمور دائمًا، وكذلك قد تخضع خلية النحل لمالك آخر. وتُحِب الدِّببة أيضًا يرقاناتِ النحل. ويتناول جَرْوُ الدُّبِّ الماليزيِّ العسلَ بنَهَم بسبب لسانه الطويل، كما يلتهم النحلَ البريَّ الذي يعيش في الغابات المدارية الآسيويَّة.

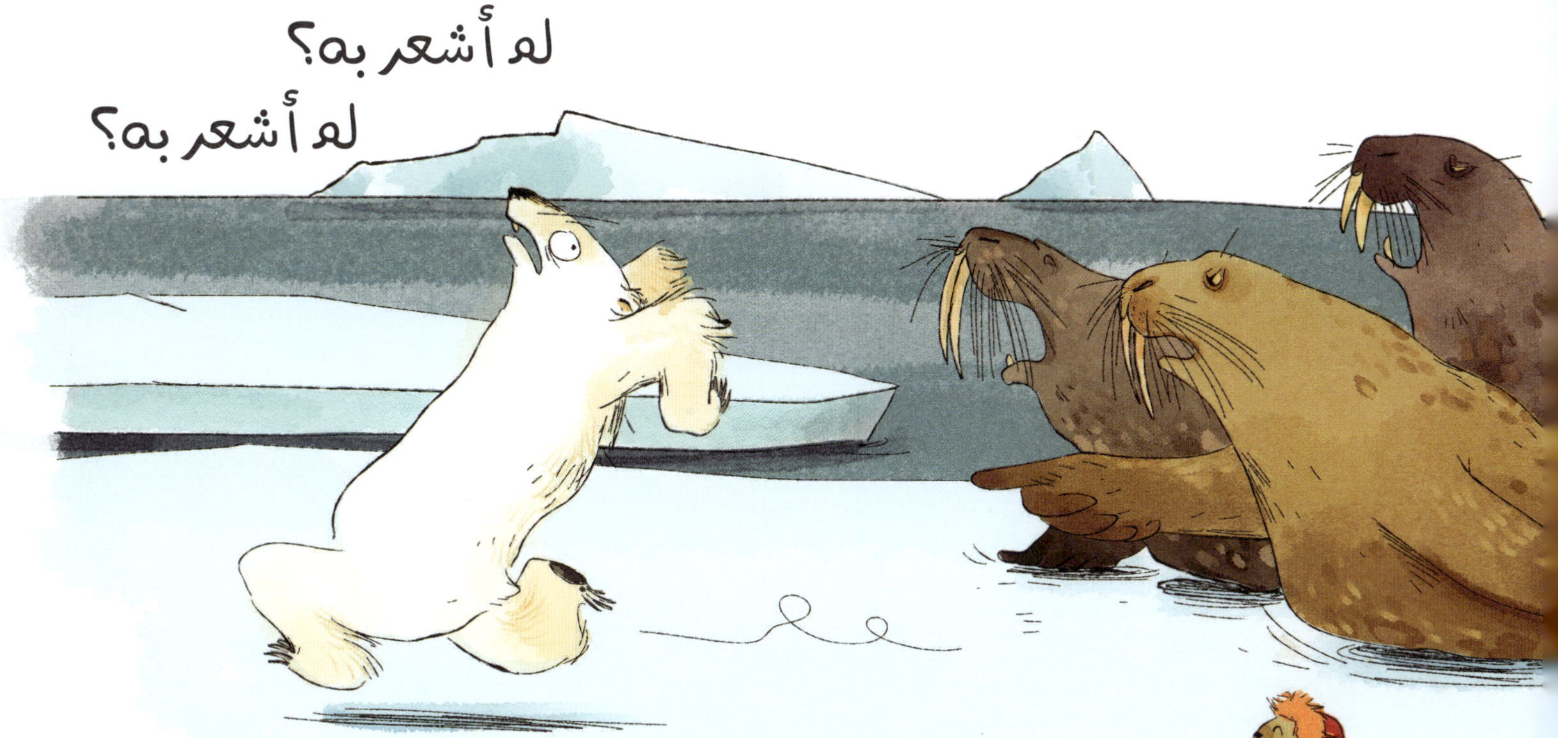
لم أشعر به؟
لم أشعر به؟

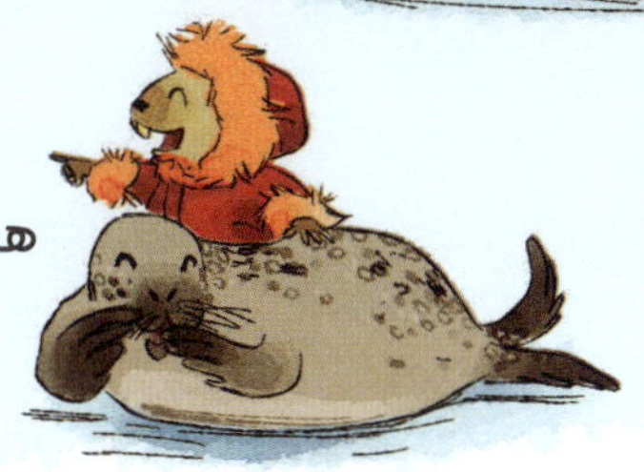
ها ها ها!

الدُّبُّ القطبيُّ من النوع اللاحم حصرًا، ويحتاج إلى الطَّوْف الجليدي والفَقْمَات التي تسكن هذا الموقع لكي تعيش، ويأكل بشكل خاصٍّ الفَقْمَة الحَلْقية أو الرُّخامية، وهي من جنس الفَقْمَات القُطْبِيَّة صغيرة الحجم التي تتوالَد على الطَّوْف الجليدي. ويستطيع الدُّبُّ التقاط الفَقْمَة البالغة من خلال ثغْرة التنفس التي تحفرها في الجليد، كما يلتقط صغار الفَقْمَة التي تختبئ في أكواخ الإسكيمو أو الإيجلو. ويستطيع الدُّبُّ القطبيُّ أيضًا التقاط أنواع أخرى من الفَقْمَات، لكن حيوانات الفظِّ أو فيل البحر قد تشكل خطورة عليه إن لم يُحسن التعامل معها نظرًا لكونها أكبر حجمًا وتعيش في مجموعات.

الفصل الخامس

التوالُد

تضع أضخم الحيوانات اللَّاحمة صغارًا صغيرة الحجم، تكون عادةً بحجم الهُرير المولود حديثًا في حين يكون الهِرُّ البالغ أصغر بنسبة خمسين إلى مئة مرة من الدُّبِّ البُنِّيِّ الأوروبيِّ!

الحَمْل السريع

بعد فترة قصيرة من الخروج من الملجأ الشَّتَويّ، يبحث ذَكَر الدُّبِّ عن أنثى سعيًا للتَّوَالُد، ويحدث التَّوَالُد في أوروبا بين أبريل ويونيو. أما الدِّببة البُنِّيّة التي تعيش في سيبيريا أو في شمال كندا فتخرج من الملجأ الشَّتَويِّ في فترة لاحقة، وتتوالد بين مايو ويوليو.

تتزاوج إناث الدِّببة مع عدة ذكور، ويتزاوج ذكر واحد مع عدة إناث خلال فصل التَّوَالُد. وعندما تلد أنثى الدُّبِّ جراءها، يكون لها آباء مختلفون، وتكون الجراء توائم غير متشابهة. وعندما

تعيش الدِّببة في منطقة معينة، يكون الجميع أقرباء من أسرة واحدة، ولذلك يتوقع أن تتآلف مع بعضها بشكل أكثر من غيرها.

تدوم فترة الحَمْل لدى الدِّببة البُنِّيَّة بين 180 و270 يومًا، ولا يحدث شيء خلال الأيام المائة والخمسين الأولى. ويستمرُّ الحمل الفعلي بين 70 و84 يومًا.

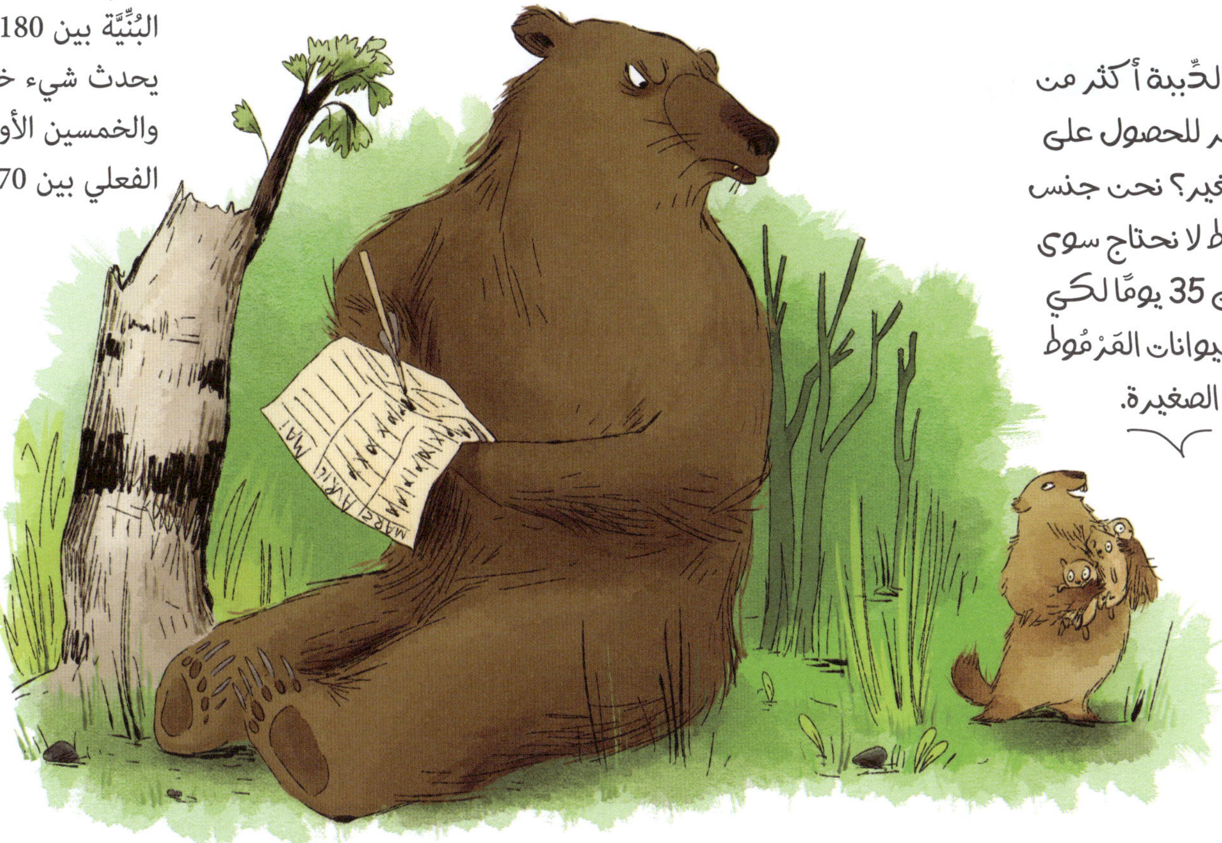

تحتاج الدِّببة أكثر من 6 أشهر للحصول على جَرْو صغير؟ نحن جنس القَرْمُوط لا نحتاج سوى 32 إلى 35 يومًا لكي نلد حيوانات القَرْمُوط الصغيرة.

يُطلَق على ظاهرة تباعُد فترة الإخصاب عن بداية تطوُّر الجنين اسم «الانغراس المؤجل». وقد تسمح هذه الظاهرة للحيوانات بالتلاقي في الربيع عندما يسمح لها وقتها بذلك، لكنها تكون كثيرة الانشغال في تغذية نفسها عند نهاية فصل الصيف.

تربية الجِرَاء

تضع إناث الدِّببة من جَرْو إلى 4 جِرَاء في كل حَمْل، وغالبًا ما يكون عددها اثنين. وكلما كان المسكن زاخرًا بالطعام المغذي وكانت الأنثى قد تغذت بشكل أفضل خلال فصل الصيف المنصرم، زادت فرصة ولادة عدد أكبر من الجراء بشكل صحيح.

لا يزن المولود الجديد عند الولادة أكثر من 200 إلى 500 غرام!
وتُولَد الجِرَاء صغيرة الحجم خلال الراحة الشَّتَويَّة في الملجأ الذي اختارته الأنثى لتسكن فيه، وتعتمد الجِرَاء اعتمادًا كليًّا على أمها للحماية والحليب والدفء، ولا يسعها سوى الزحف فهي لا تزال عمياء تمامًا.

لكي يكبر صغيري بشكل جيد،
فإنني أُحسن تغذيته كل يوم...

تُرضِع إناث الدِّببة صغارها بواسطة ضُرُوعها الأربعة حليبًا دسمًا للغاية، يحتوي على المواد الدهنية بنسبة أكبر خمس مرات مما يحتويه حليب البقر. وقد ينفع ذلك في إعداد جبن لذيذ أو زبدة مميزة الطعم؟

وماذا إن علَّقنا أجراسًا كبيرة على عنق الدِّببة؟ لا شك أنها ستجعل المراعي بيئة مناسبة لها...

في الربيع، أي بعد مرور شهرين إلى ثلاثة أشهر من وِلادة الجراء، تَتْبَع أمها عند خروجها من مسكنها. وتبقى معها حتى بلوغ الربيع التالي.

يبدأ الدُّبُّ بالتَّوالُد في عمر يتراوح بين 4 إلى 6 سنوات. وتلد الأم صغارها كل سنتين أو أربع سنوات.

حضانات قُطبية

إن الدِّببة القُطْبِيَّة حيوانات مدهشة فعلًا، لا سيما الإناث منها. ولأنها تتغذّى أساسًا في فصل الشتاء، وهي فترة صيد الفَقْمَة، فإنها لا تذهب إلى الصيد استعدادًا لوضع صغارها. وتذهب الذكور والإناث التي كبر صغارها وحدها لصيد الفَقْمَات.

تقضي الإناث في الفترة الأخيرة من الحمل جزءًا من الشتاء في الملجأ حيث يجب أن تهتم بصغارها وترضعهم. ولأنها تبقى في هذا الموقع من 4 إلى 6 أشهر، فيتعيَّن عليها أن تُخزِّن كميات كبيرة من الدهون لكي تنجح في مهمتها.

يعرف عن الدِّببة القُطْبِيَّة أنها تُفضل الولادة في ثلاثة مواقع مشهورة هي: تشيرشل في كندا، وسفالبارد في شمال النرويج، وجزيرة رانجلير شمال روسيا، وفي مواقع أخرى متفرقة. وتَحْفِر الدِّببة القُطْبِيَّة الأوكارَ غالبًا في الجليد على مسافة معينة من الساحل. وفي الشتاء، تكون درجة الحرارة فيها أعلى بعشرين درجة من الخارج حيث تُشكِّل الثلوج المُتراكِمة فوق الجليد عازلًا جيدًا!

جِرَاء دُبِّ العسل

بعيدًا عن الجليد القُطْبيِّ، تتنزَّه دِببة العسل التي تُسمَّى أيضًا «الدِّببة الكسولة» في الغابات الهندية. وعلى الرغم من أن التزاوج يحصل في الغالب بين مايو ويوليو، فقد يحدث أيضًا على مدار السنة. وهي أيضًا صاخبة وهائجة، وتُطلِق أصواتًا عالية وتصطنعُ المعارك، ويمكن للأنثى الواحدة أن تجذِب عدة ذكور.

يدوم الحَمْل الكُلّيُّ بين 4 و7 أشهر وقد تَلِدُ عددًا يتراوح بين جَرْو إلى 3 جِرَاء. وتحدث الولادة بين شهري نوفمبر ويناير، وتبقى الأنثى مع صغارها ما بين 6 إلى 10 أسابيع، دون أن تخرج بتاتًا من مسكنها حيث تعيش على مخزونها.

عندما تخرج الأنثى من مسكنها بحثًا عن أوكار النمل والحشرات، تحمل صغارها على ظهرها. ونلحظ عندها حَدَباتٍ صغيرةً داخل وَبَرِها الأسود المُشعَّث.

لقاءات الذكور والإناث

عندما نعيش وحدنا معظم أوقات السنة، فإن لقاءات الذكور بالإناث لا تتطلب سوى الحدِّ الأدنى من القواعد والحِيْطَة حيث تعيش الدِّببة في مسكنها الخاص بها، ومن ثم فعندما تود ملاقاة جارك أو جارتك -وليس تفادي لقائهم- فلا بد من إخطارهم بهذا الأمر.

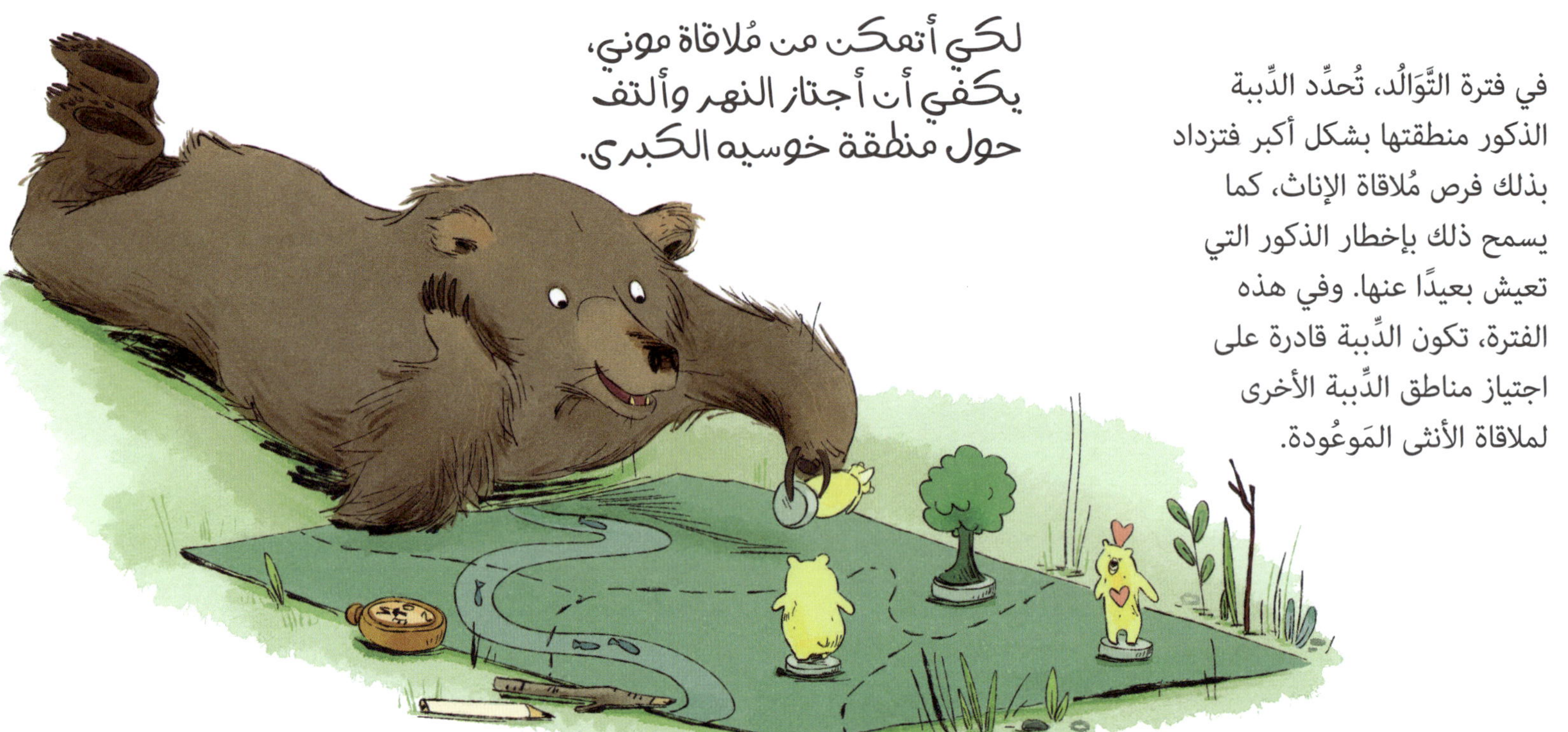

في فترة التَّوَالُد، تُحدِّد الدِّببة الذكور منطقتها بشكل أكبر فتزداد بذلك فرص مُلاقاة الإناث، كما يسمح ذلك بإخطار الذكور التي تعيش بعيدًا عنها. وفي هذه الفترة، تكون الدِّببة قادرة على اجتياز مناطق الدِّببة الأخرى لملاقاة الأنثى المَوعُودة.

لكي أتمكن من مُلاقاة موني،
يكفي أن أجتاز النهر وألتف
حول منطقة خوسيه الكبرى.

عندما تبدأ الدِّببة في التقارب فإنها تنجز جزءًا كبيرًا من التعارُف إذا كانت تعيش إلى جوار بعضها، ويكون الأمر أكثر تعقيدًا إذا كانت الدِّببة من المارة في المنطقة. وقد يقوم بعض الذكور باجتياز مسافة طويلة للقاء إناث في أماكنَ بعيدة، وحينئذ يُحَفِّزُ هذه الدِّببةَ لفعل ذلك إعجابُها الكبير بهذه الإناث.

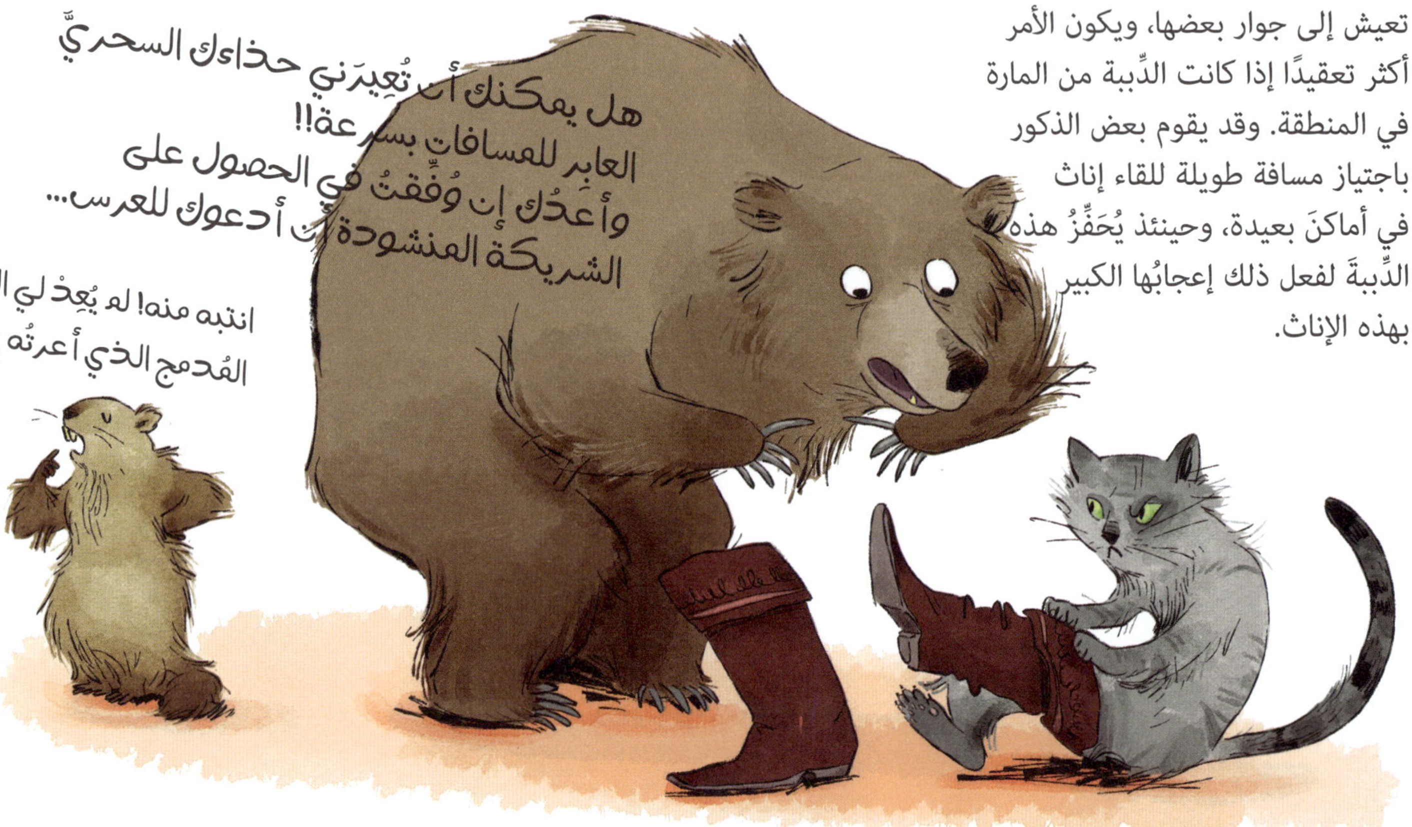
هل يمكنك أن تُعِيرَني حذاءك السحريَّ
العابِر للمسافاتِ بسرعة!!
وأعِدُك إن وُفِّقتُ في الحصول على
الشريكة المنشودة أن أدعوك للعرس...
انتبه منه! لم يُعِدْ لي القُرص
المُدمج الذي أعرتُه إياه...

يتوجَّه الدِّببة الذكور نحو الإناث. وبالنظر إلى وزنها الذي يفوق وزن الإناث بأكثر من الثلث، يمكننا أن نُدرك السبب الذي يجعل الإناثَ حذرة ومُتَحَفِّظة عند اللقاء الأول. وتبقى الدِّببة مع بعضها مدة تتراوح من بضعة أيام إلى أسبوع أو أسبوعين كي تعتاد على بعضها. وتنفصل الدِّببة سريعًا بعد التزاوج.

تبعًا للظروف، وعندما تكون الدِّببة معًا تَصْدُر عن علاقاتها أصوات عالية إلى حدٍّ ما، تصاحبها حركة كثيرة. فمغازلة الذكر للأنثى تُشكِّل أوقاتًا نادرة يُتبَادَلان خلالها الصُّراخُ. وتتخذ كذلك شكلًا من أشكال الصِّراعات المُزيَّفة التي يتخللها الصراخ بهدف الضحك، وهما يقومان بالتقلُّب على الأرض وإصدار أصوات الزَّمجرة!

الفصل السادس

الدِّببة الرياضية في الألعاب الأولمبية

لم نرَ يوما دِببة تشارك في الألعاب الأولمبية. ومن غير المؤكد إن كانت ترغب في المشاركة أو لا، لكنَّ ما لا شك فيه هو أنها تستطيع أن تفوز بعدد من الميداليات الجميلة!

ميداليات الدُّبِّ البُنِّيِّ

كل الدِّببة أبطال رياضيون، كلٌّ في ميدان قوته. فالعيش في الحياة البرية أفضل تدريب يمكن أن تحصل عليه، فعليها أن تبحث عن الطعام والسكن، وأن تدافع عن نفسها إضافة إلى رعاية أسرتها. وكل هذه المهام تتطلب لياقة بدنية ممتازة.

تتسلَّق الدِّببة البُنِّيَّة الصغيرة الأشجار لكي تهْرب من الدِّببة الضخمة عندما تكون بمزاج سيئ، فلم يَعُدْ بإمكانها تقليد السناجب بسبب وزنها وضخامتها.

وعلى الرغم من بدانتها، فإنَّ الدِّببة البُنِّيَّة تستطيع العدو بسرعة 50 كلم في الساعة تقريبًا لمسافة عدة مئات من الأمتار، وهي بذلك أسرع من أيِّ بشر آخر سواء كان حاصلًا على ميدالية أولا.

وبمناسبة ذكر السناجب، هل تعرفون أنها من أقاربي؟ فنحن ننتمي إلى العائلة ذاتها، عائلة القوارض. من كان ليصدق ذلك؟

لا تحتاج الدِّببة إلى أيِّ مِعْوَل كي تحفر في الأرض بسرعة وبقوة. فبفضل مخالب قوائمها الأمامية، تستطيع أن تفتح بسرعة وَكْر سِنْجاب أو مَرْمُوط والتقاط ساكنه! وليس في الألعاب الأولمبية مسابقة رسمية على هذه الشاكلة.

كما سبق وقرأنا، فإن مسابقة اصطياد سمك السلمون معروفة على مستوى العالم. وتستحق الدِّببة البُنِّيَّة الفوز بالميدالية الذهبية في مسابقاتها.

ميداليات الدُّبِّ القُطبيِّ

يُعرَف عن الدِّببة القُطْبِيَّة أنها تمشي وتسبح دون أن تشعر بالتعب أو الكلل، ولا شك أنها تستطيع أن تشارك في هاتين المسابقتين.

راقبَتْ سفنٌ كاسحة للجليد دِببةً قُطْبِيَّة على الطَوْف الجليديِّ الذي يبعُد مئات الكيلومترات عن أقرب ساحل. وقد أظهرت مُعَدَّاتُ نظام تحديد المواقع التي وُضِعَت على أعناق بعض الحيوانات قياسَ المسافات الهائلة التي تجتازها أحيانًا.

لا يزال الرقم القياسيُّ لصالح دُبَّة أنثى مشت حوالي 5200 كم من ألاسكا إلى جرينلاند مرورًا بالطَوْف الجليديِّ، وما من أحد يعرف إن كان هذا الرقم استثنائيًّا أو اعتياديًّا لدى الدِّببة القُطْبِيَّة، ولا أحد يعرف أيضًا سبب هذا التنقل.

الدِّببة القُطْبِيَّة تتقن السباحة أيضًا.

تصل بعض الدِّببة بين الحين والآخر إلى جرينلاند في آيسلندا، وقد تنجرِف أحيانًا على قطعة جليد في جزء من رحلتها. ومن المعروف أن الدِّببة القُطْبِيَّة تستطيع أن تسبح عشرات وعشرات الكيلومترات. ويجدر التذكير بأنَّ درجة مياه المحيط القطبيّ تصل إلى 4 درجات مئوية، وبأن الدِّببة لا ترتدي أي لباس أثناء السباحة، ويجب التذكير أيضًا بأن لها فروًا جميلًا.

وهذا ما نسميه المحترف!

تُمارِس الدِّببة القُطْبِيَّة نوعًا آخر من السباحة الخاصة بها، ولا يُمارسها من الدِّببة القُطْبِيَّة سوى بعض الأبطال، وهي سباحة الغطس في الماء. وتستعين الدِّببة بهذه الرياضة لالتقاط فَقْمَة رأتها من فوق قطعة جليد، فتغطس في الماء وتسبح تحت سطحها دون أن يراها أحد أو ترى هي أيَّ شيء. وتحفظ الدِّببة الطريق المنشودة ولا تُخْرِج سوى أنفها من الماء كي تتنفس كلما احتاجت للتنفس، ثم تختفي تحت سطح الماء تمامًا، وبعدها تقفز أمام الفَقْمَة. بالطبع لا تحصل على ميدالية، لكنها تفوز بوجبة مثالية إن نجحت في التقاط الفَقْمَة.

ميداليات الدِّببة المتسلقة

يجب إضافة مسابقة التسلُّق إلى الألعاب الأولمبية.

تتسلَّق الدِّببة بعض الأشجار المرتفعة جدًّا في أميركا الشمالية، لكن من العجب أن ترى حيوانات بهذه البدانةِ متعلقةً بغصن صغير على ارتفاع عالٍ. فالدِّببة رشيقة أكثر مما تبدو.

تتسلَّق الدِّببة السوداء الأميركية الأشجارَ؛ لكي تسمحَ لدُبِّ الجِريزلي الضخم من المرور بين الحين والآخر. وتتصرَّف الجِرَاء الصغيرة بالطريقة ذاتها من باب التسلية.

ابتعدي أيتها الشجرة!

لا يتسلَّق الدُّبُّ الأسود الآسيويُّ الشجر كثيرًا، ولكنه يحبُّ طعم بعض اللِّحاء والجزء الطري القابل للأكل من الخشب والموجود تحته، ومن ثم يذهب أحيانًا للبحث عنها على الساق. كما أنه يتسلق الشجر ليلعقَ المادة الصمغيَّة التي تسيلُ من بعض الشجر في الغابات الآسيويَّة.

يااااااااااااااااااه

بالطبع، فوَجْبَةٌ كهذه تستحقُّ تسلُّقَ الشجرة كلها من أجلها!

الدِّببة ذات النظارات والدِّببة الماليزيَّة هي الأكثر تعلقًا بالأشجار حيث تقضي معظم وقتها على أغصانها، كما أنها تبحث عن جزء من طعامها على الأشجار التي تتخذها أيضًا مكانًا لأخذ قِسْط من الراحة أو النوم على أحد أغصانها. ولا شك في أن العثور على خلية نحل على الشجرة أثناء البحث بين أوراق الشجر من شأنه أن يُوفِّر لها دائمًا حلوى لذيذة، فغنيمة بهذا الشكل تحفِّز الدِّببة المحبَة للتعَلُّق بالأشجار.

ولا ننسى دُبَّ الباندا الضخم الذي يحب أحيانًا ممارسة بعض التمارين الرياضية على أغصان الأشجار، تمامًا كما يحب التمدُّد لأخْذ قسط من النوم عليها. ولأنه يأكل البامبو الذي ينمو في الأرض، فهو بالتأكيد لا يبحث عن طعام له فوق الأشجار.

الفصل السابع

المخاطر التي تُهدِّد حياة الدِّببة

على الرُّغم من صِيت الدِّببة الرائع فإن عددها يتضاءل، بل تزداد وتيرته أحيانًا بشكل سريع ومخيف.

تقلُّص مساحات الغابات، أو تزايُد التَّصحُّر

كانت الغابات تغطي مساحات أوروبا الغربية وفرنسا حتى العصور الوسطى، وكانت الدِّببة موجودة في كل مكان منها. وقد فرض تطوُّر الزراعة استصلاحًا كبيرًا للأراضي، ومن ثم بدأت أعداد الدِّببة في الانخفاض بشكل كبير، ثم اختفت الدِّببة تدريجيًّا مع تقلُّص مساحات الغابات في الأراضي المنبسِطة والجبال.

في فرنسا، ظلَّت الدِّببة موجودة لفترة زمنية أطول في مجموعة المرتفعات الجبلية. وانقرضَت في منتصف القرن الثامن عشر في منطقة الفوج، وحوالي سنة 1850 في الجورا، وحوالي سنة 1940 في جبال الألب. ومن الغرابة أنَّ الدِّببة عاشت في جزيرة كورسيكا ابتداء من القرن الخامس عشر حتى السابع عشر، وربما كانت قد أدخلت إليها بوصفها حيوانات مُروَّضة، ثم هرب بعضها ولجأ إلى الأدغال فعاش فيها حَوالي قرنين من الزمن.

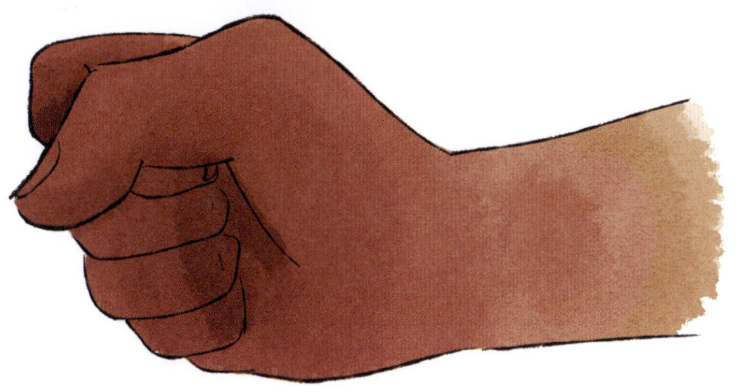

تتشابَهُ المخاطر والضغوطات التي تُهدد حياة الدِّببة في الغابات المعتدلة في أميركا وروسيا، كما هو الحال في الغابات المَدارية في الأنديز أو آسيا. وتُشكِّل الحرائق وقاطعات الأشجار اليدوية والآلية الأعداء الأبرز للدِّببة.

في جبال البِيرِينيه

تُعَدُّ جبال البيرينيه الملجأ الأخير للدُّبِّ البُنيِّ في فرنسا، ومع أننا نجده حيوانًا محبَّبًا فقد كاد ينقرض في نهاية القرن العشرين. وقد ساعدت خطط استقدام الدِّببة وإعادة إطلاقها في السنوات 1996، و1997، و2006 على تحسين أعدادها، لكنها لم تنقذها تمامًا.

حذَّر العلماء منذ زمن طويل من خطر تضاؤُل عدد الدِّببة في البيرينيه، لكن تحذيرهم ذهب سُدًى إذ وصل عددها في عام 1990 إلى ما دون 10 دببة.

لست سَاذَجًا إلى حدِّ الوقوع في هذا الفخ.

إن سلسلة جبال البِيرِينيه تُوفِّر مساحات كبيرة مناسبة للدِّببة، ويُعَدُّ السَّفْح الفرنسيُّ المروريّ أكثر ملاءمة من السَّفْح الإسبانيِّ، لكن المسكن الشامل موجود دائمًا.
كيف تستطيع الدِّببة مواجهة عملية قطع الأشجار؟

حاولت جمعية أَرْتُوس - التي أصبح اسمها اسمًا لفيروس- تنفيذَ مشروع تعزيز عدد المجتمع الحيواني. وبأكثر سرعة ممكنة، وداخل سيارة مجهزة أعدت خصيصًا لهذا الغرض، نُقلِت بعض الدِّببة التي أُسِرت في غابات سلوفينيا إلى جبال البِيرِينيه الوسطى حيث كانت بعض البلدات ترغب في وجودها.

وأُطلِقت دُبَّتان أنثيان في العام 1996، وآخر ذكر في العام 1997، ثم أُطلِقت خمسة دِببة مجددًا في العام 2006. وفي العام 2016، أطلق فريق إسباني دُبًّا ذكرًا أُسِر في سلوفينيا أيضًا على السَّفح الكاتالاني.

ويُوجد على الأرجح حوالي أربعين دُبًّا في جبال البِيرِينيه، وتتركَّز جميعها في البِيرِينيه الوسطى، فيما يُوجَد اثنان بشكل معزول في أقصى الغرب في بَيارن. وتجتاز بعض الدِّببة الحدود بين الدول؛ فالفاصل بين الدول لا يعني لها شيئًا.

وفي حين تُرحِّب أغلبية السكان -بما فيهم المحليون- بوجود الدِّببة، لاسيما أنَّ القيود المُرتبطة بوجودها قليلة جدًّا؛ فقد فضَّل بعضهم مُعاداة الدِّببة، ورفض وجودها دون أن يُفْهَم سبب ذلك.

تُعَدُّ قصص الأذى الذي تُلحقه الدِّببة بقطعان الأغنام غير ذات أهمية، مقارنة بكل التهديدات التي تتعرض لها الأغنام في الجبال. وقد اتبعت جمعية التدخُّل البيئيِّ الرعويِّ بين الدِّببة والبِيرينيه منهجًا شعاره: «من أجل أن تتعايش الدِّببة ورعاة الغنم معًا في البِيرينيه». وبفضل الدِّببة، حصل رعاة الغنم على مساعدات عديدة تمكنهم من العمل بشكل مريح في المراعي في فصل الصيف.

مزارعُ للدِّببة في الصين

تستخدم المادة الصفراء المُسْتَخْرَجة من الدِّببة في الصين منذ زمن طويل لمعالجة الرجال والنساء المرضى، بل توجد في الصين «مزارع للدِّببة» من أجل هذا الغرض.

يُفرِزُ كبد جميع الثدييات المادة الصفراء أو المُرَّة التي تساعد على الهضم. وتتراكم الصفراء لدى بعض الأجناس في غُدَّة تُعرَف باسم المرارة، قبل أن يستخدمها الجسم. وينطبق هذا الحال على البشر والدِّببة على حدٍّ سواء.

ويا للأسف! فإن ظروف أَسْر ورعاية الدِّببة في هذه المزارع مُحزنة. فمن أجل استخراج المادة الصفراء، يُغْرَز أنبوب صغير في بطن الدِّببة المحجوزة في الأَسْر، ويُفتح الصنبور بصورة منتظمة. وتُحجز الدِّببة في أقفاص صغيرة جدًّا لا تستطيع التحرك داخلها، وتبقى فيها لسنوات إلى أن تموت.

يُعتقَد بوجود حوالي 10 آلاف دُبٍّ في «مزارع الدِّببة في الصين». ومعظم هذه الدِّببة من نوع الدُّبِّ الأسود الآسيويِّ؛ لأنه الأكثر شيوعًا في آسيا. وقد بدأت فيتنام أيضًا بتربية الدِّببة من أجل بيع مادة الصفراء هذه إلى السوق الصينية.

أهلًا بك في منزلك الجديد.

وهناك منظمات في آسيا لحماية الدِّببة، وتتركز مهمتُها في استرجاع بعض هذه الحيوانات قدر الإمكان، وتوفير بيئة حجْرٍ أكثرَ راحةً لها داخل مساكن مهيأة، فهي لا تستطيع العيش في الطبيعة.

بات الطلب كبيرًا إلى حدٍّ أن قطع أشجار الغابات الجائر يحدث في دول بعيدة جدًّا.

في أميركا الشمالية، لا سيما الولايات المتحدة وكندا، يُطرد ما بين 40 ألفًا و50 ألفًا من الدُبِّ الأسود بشكل قانوني كل سنة، ويُتاجَر بالمادة الصفراوية للدِّببة مع آسيا. ومن الممكن أن تُستخرَج هذه المادة من دِببة مقتولة بشكل غير شرعي. إنه موضوع في غاية التعقيد.

أيها المسكين...

للمادة الصفراوية مفعول علاجيٌّ فعلًا، لكن هناك أدوية صناعية مُنْتَجَة في المختبرات تُوفِّر المفعول نفسه، وتُنْتَج دون الحاجة لأَسْر الدِّببة أو قتلها، ولهذا يجب التشجيعُ على استخدام هذه الأودية.

الدِّببة وجيرانها

يُعتقَد بأن 10 بالمائة من وفيات الدِّببةِ البالغةِ في الولايات المتحدة وكندا ناتجةٌ عن نشاطات بشرية، ومنها ما هو ناتج عن العديد من حوادث السيارات والشاحنات وحتى القطارات. ويُضاف إلى ما سبق الصيدُ وقطع الأشجار، وتبرير البعض ذلك بأنهم شعروا بالخوف حين واجهوا دُبًّا، فقاموا بإطلاق النار عليه. ومن غير السهل التحقق من هذه الأمور، لكن الحوادث الفعلية نادرة جدًّا.

تتجاهل كل من الدِّببة والذئاب بعضها حين تتعايش في مكان واحد. وفي المنطقة المحمية من يلوستون في الشمال الغربي من الولايات المتحدة، تعلمت دِببة الجريزلي سرقة فرائس الذئاب، ويُعتقَد بأنها تجد هذا الفرائس بسبب رائحتها. وفي المقابل لا تُبدي الذئاب أيَّ معارضة، بل تضطر للذهاب إلى الصيد بشكل متكرر.

كانت الدِّببة السوداء تعيش في جزيرة أنتيكوستي في مصب سان لوران. وفي عام 1896، أُدْخِلَت إلى المنطقة وُعُول فيرجينيا، ثم اختفت الدِّببة في عام 1998. ويبدو أن هذه الحيوانات كانت في منافسة على الغذاء! وقد استطاعت الوُعُول في غضون قرن من الزمان أن تقضي على الدِّببة بأكل النباتات التي كانت الدِّببة تحتاج إليها كذلك.

الفصل الثامن

الدِّببة من المشاهير

من لا يعرف «الدُّبَّ الأكبر»؟ إنه المجموعة النجمية الأكثر شهرة في سمائنا. أوافقكم تمامًا على ضرورة أن يكون لنا خيال واسع كي نرى تشكيلة الدُّبِّ النجمية. وتساعد هذه المجموعة النجمية على العثور على النجم القطبي وتحديد اتجاه القطب الشمالي.

قصص دمى الدباديب

لا بد أن العديد منا يعرف دمية الدبدوب المعروفة. ويقال إن أحد رؤساء الولايات المتحدة -واسمه تيودور- كان يصطاد وأنقذ يومًا دُبًّا صغيرًا من حريق في الغابة، وأطلق على الدُّبِّ اسم «الدبدوب تيدي»، ثم أصبح يُصنَّع بعد ذلك من القماش.

ومنذ عدة سنوات، نشرت مجلة بيطرية بريطانية معروفة بجديتها دراسة جيدة عن الأمراض التي تُصَاب بها بشكل شائع دمى الدباديب. ويبدو أن أخطر هذه الأمراض تظهر عندما يكبر الطفل الصغير، ويتخلى عن دبدوبه حيث تُعاني هذه الدباديب بشكل خاص من مشاكل عاطفية. فما العمل؟

هناك مجموعة من الدمى التي تعرف باسم البيزونورس ولها شكل الدباديب. وتختلف أشكالها باختلاف النشاطات التي خُصِّصت لها، وقد ظهرت في عدد من الأفلام، وفي إنتاج عمل واحد على الأقل من الرسوم الكرتونية.

الدبدوبويني، وحكاية الفتاة والدِّببة الثلاثة، وبالو

وهناك أيضًا قصة **الفتاة ذات الشعر الأشقر** التي تدخل دون استئذان إلى منزل الدِّببة وفي غيابها!

أما **الدبدوب ويني** فهو شخصية من شخصيات أدب الطفل، وقد ابتكر في بريطانيا في عام 1926 حيث كان الكاتب يصطحب غالبًا ابنه لرؤية دُبَّة تحمل اسم «وينيبيج» في حديقة حيوانات لندن. وقد حصلت الدُّبَّة على اسمها هذا من جندي كندي وهبها للحديقة، وكان ينتمي إلى منطقة وينيبيج.

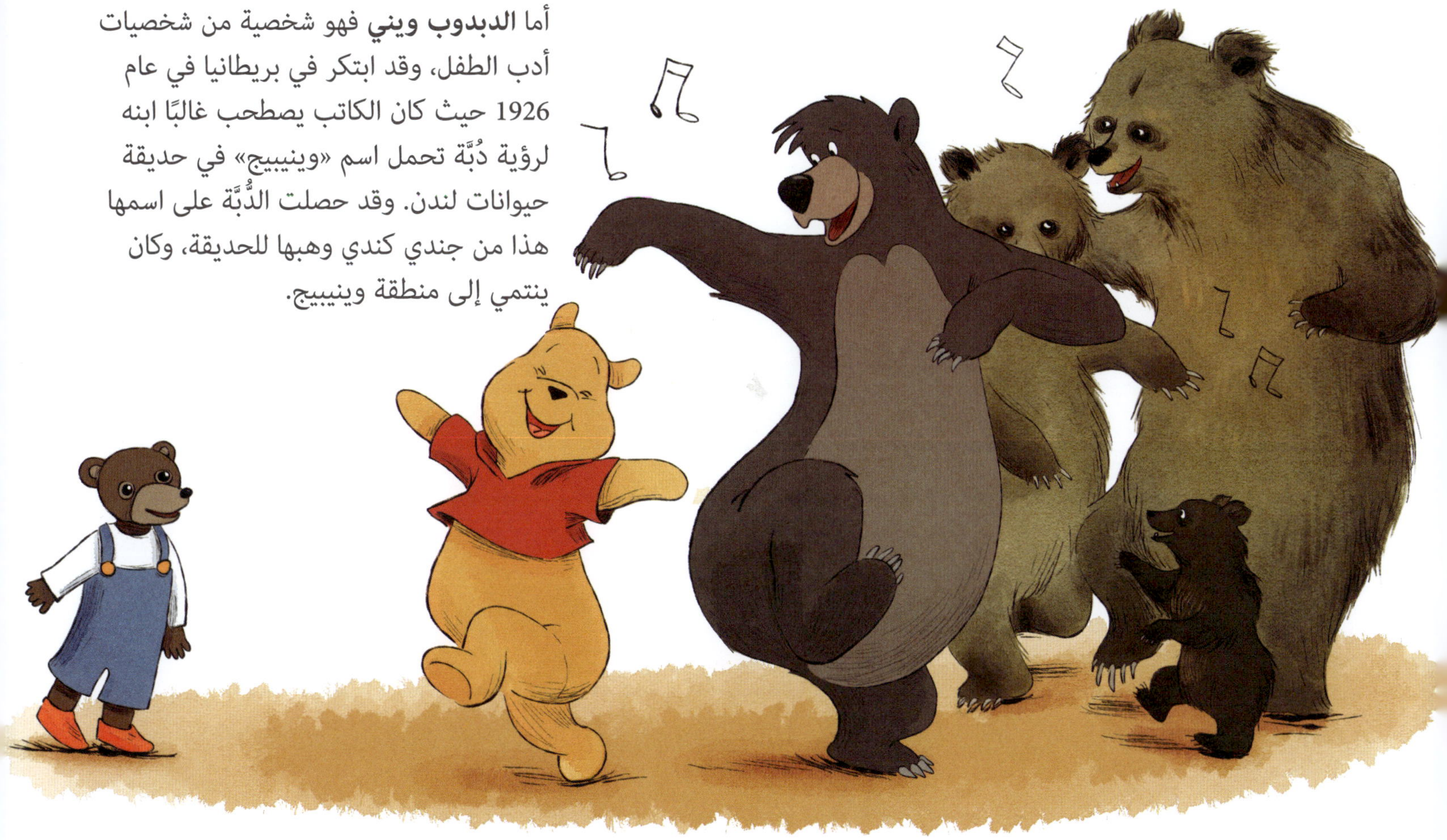

في «**كتاب الأدغال**» للمؤلف روديارد كيبلينج، يلتقي موجلي -الصبي الصغير التي ترعرع في الغابة المدارية- العديدَ من الحيوانات ومن بينها الدُّبُّ محبوب بالو.

وكلمة بالو "Bhalu" هندية الأصل، وتعني دُبَّ العسل. وفي الفيلم الكرتوني، جعلت إستوديوهات والت ديزني المنتجة للفيلم الدُّبَّ بالو من النوع الذي يحب أن يغني ويرقص. ومن ثم فإن ملخص نصيحتنا لكم أن: «الشعور بالسعادة لا يستلزم العمل الكثير...»؛ وهذا ما يجب الاحتفاظ به وتطبيقه خلال اليوم.

وماذا عني؟

أنت؟ أنت نجم معروف وسط المئات من الأشخاص!

هذا دودو، وهو القَرْموط الذي تملكه رسامة هذا الكتاب منذ 15 أبريل 1983 إلى اليوم.

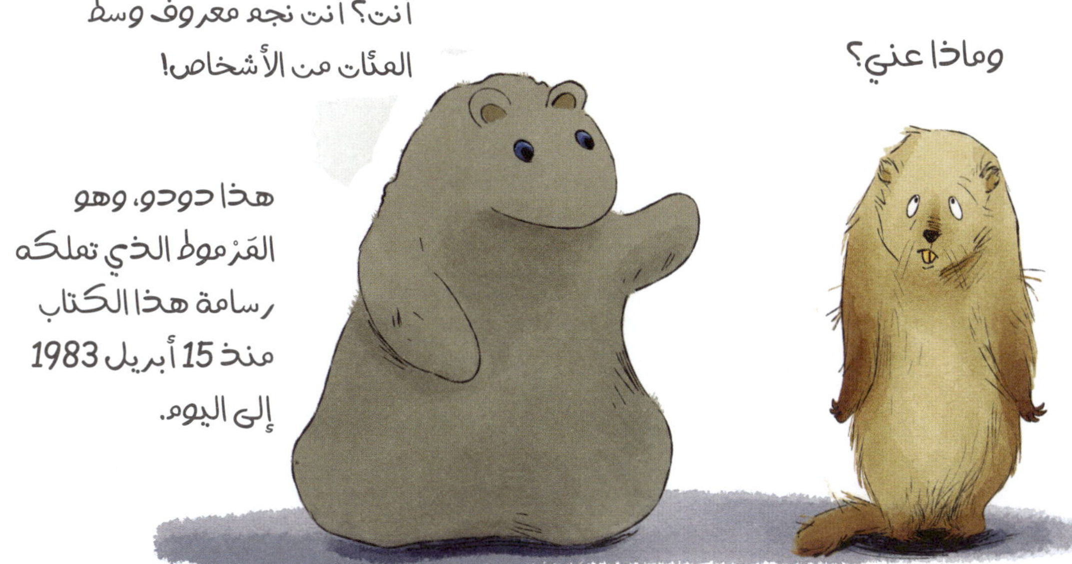

بادينغتون المسكين

ابتكر المؤلف البريطاني مايكيل بوند شخصية **بادينغتون**، وهو الدبدوب البيروفي الذي يعيش مع عمته لوسي، لكنها كبيرة في السن، ويجب أن تذهب لتعيش في مركز للمسنين. يجد بادينغتون نفسه مضطرًا للابتعاد عنها ويركب السفينة متوجهًا إلى لندن، ويتنقل بادينغتون المسكين من محطة إلى أخرى إلى أن ينتهي المطاف به بالتعرف على أسرة براون التي تتبناه، وحينها تبدأ مغامرات بادينغتون الإنجليزية. وقد ذاع صيت هذا الدُّبِّ إلى درجة أن له تمثالًا اليوم في لندن، وبالطبع في محطة قطارات بادينغتون تحديدًا.

تتَّسم مغامرات هذا الدُّبِّ الذي يُدعى لوريك بيرنيسون بأنها أكثر تعقيدًا. وهو ينتمي إلى منطقة سفالبارد، الموقع الذي يعيش فيه الدُّبُّ القطبي، ويرتدي هذا الدُّبُّ درعًا يمنحه قدرات خارقة ما لم يخلعها عن جسده. وفي بداية مغامراته، يتعيَّن عليه الذهاب بحثًا عن الدرع. ولعل بعض القُرَّاء يعرفون ثلاثية **«مَوَادّه المظلمة»** للكاتب فيليب بولمان. وبالإضافة إلى الدرع، يتصف لوريك باحترامه وعوده دائمًا. ومن حسن حظه أن يملك الدرع الخارق، فبعض الوعود في غاية التعقيد...

فيلم الدُّبِّ

عُرض فيلم «**الدُّبِّ**» لجان-جاك أرنو في العام 1988. وهو يحكي قصة جَرْو دُبٍّ يتيم يرعاه دُبٌّ بالغ ضخم، وهو أمر نادر الحدوث. وقد اقْتُبِست قصة الفيلم من رواية صدرت في العام 1916 للكاتب جيمس-أوليفر كيروود بعنوان «**الجِريزلي الملك**» (The Grizzly King). تدور وقائعُ هذه الرواية في أميركا الشمالية مع أضخم الدِّببة البُنِّيَّة حيث يتعقب صيَّادان آثار الدُّبِّ الضخم. وتكون هذه المرة الأولى التي يرى في الجِريزلي أشخاصًا أوروبيين. يصاب الدُّبُّ بطلقة بندقية، لكنه لا يموت. ويحتشد عندئذ الصيادون مع كلابهم من جهة، مقابل دُبَّين في الجهة الأخرى، على خلفية المناظر الطبيعية لجبال الروكي. إنه فيلم يثير الحماس ويبعث على البكاء وذرف الدموع منذ بدايته!

وهناك أيضًا بلوم، جَرْو الدُّبِّ الصغير، مع كيناي الصبي الهندي الذي يتحول إلى دُبٍّ في الفيلم الكرتوني «أخي الدُّبّ»، أو إيرنيست الصديق العزيز ليرنيستين... لا شك أبدًا في أن الدِّببة من المشاهير!

المراجع

Farid Benhamou (2005)
Vivre avec l'ours.
Editions Hesse, 155p.

Jean-Jacques Camarra (1989)
L'ours brun.
Hatier, Paris, 213p.

Gérard Caussimont (1997)
L'ours brun des Pyrénées.
FIEP et Loubatières, 207p.

James-Oliver Curwood (1947)
Le grizzly.
Hachette, Paris, 255p.

Antonine Maillet (1990)
L'oursiade.
Bernard Grasset, Paris, 220p.

Donald Prothero (2017)
The Princeton field guide to prehistoric mammals.
Princeton University Press, Princeton and Oxford, 240p.

Henriette Walter, Pierre Avenas (2003)
L'étonnante histoire des noms des mammifères.
Robert Laffont, Paris, 486p.

Paul Nicklen (2015)
Ours. Esprits de la nature.
Delachaux & Niestlé, National Geographic, Paris, 208p.

مواقع الإنترنت

Liste rouge : http://www.iucnredlist.org/ où l'on peut trouver les fiches des huit espèces d'ours.
Fiche de l'ours brun : http://www.iucnredlist.org/details/41688/0
Ferus : www.ferus.org programmes Parole d'Ours et ApiOurs
FIEP : http://www.fiep-ours.com/

4
6
2
2
6
2
lippu
ours à
collier